Alexander Morel *Was mich der Schmetterling lehrt*

D1725581

ALEXANDER MOREL

Was mich der Schmetterling lehrt

VERLAG ERNST FRANZ METZINGEN

Es ist keine Sprache noch Rede,
da man nicht ihre Stimme hört.

PSALM 19, 4

Warum ich mich mit den Schmetterlingen beschäftige

Frage doch das Vieh, das wird dich's lehren, und die
Vögel unter dem Himmel, die werden dir's sagen.

Hiob 12, 7

Manche meiner Leser mögen es sonderbar finden, daß ein
Pfarrer sich mit einem so nutzlosen Gegenstand wie den
Schmetterlingen beschäftigt. Paßt es denn in unsere Zeit,
hierüber zu sprechen; darf ein Verkündiger des Evangeliums
in den schweren Tagen, in denen wir leben, mit solchen
»Nichtigkeiten« seine Zeit vergeuden?

Man erzählt, daß in den ersten Jahrhunderten des christ-
lichen Zeitalters in der Gegend von Theben in Ägypten ein
alter Einsiedler lebte, der durch seine Frömmigkeit berühmt
war. Eines Tages besuchte ihn ein weiser Mann von Alex-
andrien, und als er sich in des Einsiedlers Hütte umgesehen
hatte, drückte er seine Verwunderung darüber aus, daß er
keine Bibliothek vorfinde.

»Ich habe zwei Bücher«, erwiderte der Einsiedler, »die
mein himmlischer Vater geschrieben hat: die Bibel und die
Natur; ich habe in beiden lesen gelernt, und das genügt
mir«.

In diesen beiden Büchern versuche auch ich zu lesen. Was
ich in der Bibel finde, das gebe ich sonntags in meinen Pre-
digten weiter; was ich in der Natur gelesen habe, das möchte

ich hier mitteilen nicht als Gelehrter, sondern als Laie, der die Natur liebt. Wie glücklich wäre ich, wenn diese paar in Liebe geschriebenen Seiten bei manchen das Verständnis für die Natur und noch mehr für die göttlichen Dinge wecken dürften.

Als ich vor Jahren als junger Pfarrer an einem schönen Maimorgen einen unserer Juraberge bestieg, sah ich am Wege einen schönen Schmetterling, der soeben aus einer Puppe ausgeschlüpft war. Es war ein Nagelfleck *(Aglia tau)* von der Familie Pfauenspinner, fahlgelb, mit schwarzblauen Augen auf den vier Flügeln und weißem Augenstern in Form eines griechischen *T* (Tau) oder Nagels, woher sein Name kommt. Dieses Wunder aus der Insektenwelt erschien mir an diesem Frühlingsmorgen so strahlend, so rein, so unvergleichlich schön, daß ich sofort für die Entomologie (Insektenkunde) gewonnen war. Ich beschloß, künftig auf meinen Gängen durch Feld und Wald mein Augenmerk auf diese leichtbeschwingten Wesen zu richten und das Geheimnis ihres verborgenen Lebens zu erforschen. Seither sind vierzig Jahre vergangen. Ich kann nicht sagen, welch reine Freuden, welchen Antrieb zur Anbetung Gottes und welch tiefe Erbauung ich bei der Betrachtung dieser so überaus zarten und doch so interessanten kleinen Geschöpfe gefunden habe. Nun scheint mir der Zeitpunkt gekommen zu sein, wo ich etwas von diesem Reichtum an Schätzen der Schönheit und Erkenntnis auch andern vorlegen darf.

»*Natura maxima in minimis miranda*«, sagte der große Naturforscher Linné. Das will sagen: »In den kleinsten Dingen zeigt die Natur die allergrößten Wunder«.

Henry Drummond, der berühmte Professor an der Universität Cambridge, lehrte seine Studenten werktags Naturwissenschaft, und sonntags sprach er zu einer Hörerschaft, die meist aus Arbeitern bestand, über Gegenstände der Sittlichkeit und des Glaubens. Längere Zeit konnte er diese beiden so verschiedenen Dinge, Wissenschaft und Religion, in seinem Denken sauber auseinanderhalten; nach und nach aber verging die Scheidewand, und endlich redete er zu den Arbeitern in derselben Weise wie zu seinen Studenten. Drummond kam also zu der Überzeugung, daß die Gesetze der Natur auch in der Welt des Geistes Gültigkeit haben und daß die Wirklichkeiten in der Geisteswelt mit denselben Ausdrücken benannt werden dürfen, die man auch in der Biologie benützt. Manchmal habe ich ähnliche Erfahrungen gemacht: Was ich in der Bibel gefunden habe, ist mir als die Fortsetzung und Vertiefung dessen vorgekommen, was mir auch im Buch der Natur vor Augen getreten ist. Es waren nicht nur Bilder oder Gleichnisse; nein, zwischen den zwei Reichen stellte ich eine genaue Entsprechung der Gesetze fest: gewisse Erscheinungen in der Geisteswelt erschienen mir geradezu als Sinndeutungen von Vorgängen in der Natur.

Welche Freude empfindet man, wenn eine Vermutung sich bestätigt, ein Geheimnis sich erhellt oder ein Problem der Geisteswelt seine Erklärung in der Betrachtung der Schöpfung findet! Solche Entdeckungen stimmen die Seele zu freudigem Lob.

Das Zeugnis des Schmetterlings

Aber der geistliche Leib ist nicht der erste, sondern der natürliche; danach der geistliche. Der erste Mensch ist von der Erde und irdisch; der andere Mensch ist vom Himmel. Und wie wir getragen haben das Bild des irdischen, so werden wir auch tragen das Bild des himmlischen. 1. Korinther 15, 46. 47. 49

Man hat gesagt, die Schmetterlinge seien für unser Leben nicht nötig; sie seien eine völlig überflüssige Erscheinung der Natur; die Welt könnte auch gut ohne sie bestehen. Im Gegensatz hiezu halte ich dafür, daß der Schöpfer den Schmetterling deshalb so prächtig gemacht hat, um unsere Aufmerksamkeit auf ihn zu lenken und uns köstliche Lebenslehren durch ihn verständlicher zu machen. Ja es scheint mir, daß Gott in diesem außerordentlich zarten Wesen uns wie mit einer wundervollen Illustration den Plan seiner Liebe vorstellen wollte, so daß wir die aufeinanderfolgenden Stufen unserer Herrlichkeitsentwicklung von unserer Wiege bis zu seinem Thron wie mit dem Finger aufzeigen können. Es ist nicht ohne Bedeutung, daß bei den gelehrten Griechen das Wort »Psyche« gleichzeitig »Schmetterling« und »Seele« bedeutet. Die Weisen aller Zeiten sind von der gleichen Benennung dieser beiden so verschiedenen Dinge eigentümlich berührt worden. Scheint nicht das Leben des Menschen, sein Tod und seine Auferweckung eine deutliche Darstellung zu finden im Leben der Raupe, im lethargischen Schlaf der Puppe und im Ausschlüpfen des Schmetterlings? Wie die kriechende Raupe geht der Mensch über die Erde hin; er schläft dann im Grab und kommt durch die Auferstehung der Toten wieder zum Leben wie der über den Blumen schwebende Falter mit Flügeln von Gold und Himmelblau.

Staunenswerte Dinge gehen in der Puppenhülle vor sich, eine der geheimnisvollsten Naturerscheinungen, die man als *Histolyse* (Auflösung der Gewebe) bezeichnet. Der Körper der Raupe löst sich vollständig auf; seine Gewebe verschwinden, bis kein sichtbares Zellelement mehr übrig bleibt. Das Tierchen zerschmilzt gleichsam in eine klare, helle Gallerte, in der alle besonderen Unterschiede der Organe verschwunden sind, und aus dieser scheinbar formlosen Substanz geht das leuchtendste Geschöpf hervor. »Ob man nun will oder nicht«, sagt Dr. Geley in seinem Buch ›Vom Unbewußten zum Bewußten‹, »das Zeugnis derartiger Tatsachen bedeutet den totalen Umsturz der materialistischen Physiologie und der klassischen biologischen Auffassung. Entweder muß man das Geheimnis als unergründlich anerkennen oder zugeben, daß eine höhere Macht als der Organismus, ein leitender Gedanke, den Stoff formt, ihm seine Kraft und Eigenschaften verleiht und ihn zu einem bestimmten Ziel führt.«

Wir Christen wissen etwas von dieser höheren Macht, von diesem leitenden Gedanken, dem göttlichen Liebesrat, der aus verderbten, sündigen Wesen wie du und ich Kinder Gottes machen kann. Diese Kraft von oben, der Heilige Geist, führt das Leben zu seinem Ziel. Die Betrachtung des Schmetterlings wird uns diese höhere Macht am Werk zeigen und uns zugleich die Lebensentwicklung des neuen Menschen erklären.

Wenn man im Monat September am Waldsaum spazieren geht, dann findet man auf Pflanzen mit doldenförmigen Blütenständen – wie zum Beispiel der wilden Möhre – gelegentlich eine auffallend große Raupe, die wie in grünen Sammet gekleidet erscheint, über deren Körperringe schwarze Querbänder mit leuchtend roten Punkten laufen. Kommt man im Frühling darauf an einem schönen Maientag wieder an jenem Ort vorüber und achtet auf alles, was da fliegt, dann entdeckt man sicher einen wunderschönen Schmetterling von gelber Farbe und schwarzer Zeichnung mit großen, blaugeränderten Augflecken. Es ist der prächtigste Falter in unserer Gegend: der Schwalbenschwanz *(Papilio machaon)*. Jene grüne Raupe des vorhergegangenen September und dieser stolze Schmetterling vom Monat Mai sind ein und dasselbe Lebewesen. Einst kroch es schwerfällig über die Erde dahin, und jetzt gaukelt es graziös durch die Lüfte; in seiner ersten Daseinsform ernährte es sich vom grünen Kraut, und nun schlürft es aus duftenden Blumen den köstlichen Nektar; einst war es der Gegenstand geheimer Abneigung oder gar unverhohlener Abscheu, und heute entzückt es durch seinen majestätischen Flug im strahlenden Licht und durch die Leuchtkraft seiner herrlichen Farben unser Auge.

Verhält es sich nicht ähnlich mit den Erlösten Jesu Christi, den Auserwählten Gottes, den Erben des Schöpfers Himmels und der Erde? — Sie beginnen ihr Dasein in einem armseligen Leben. Bevor sie in unverweslichem, herrlichem, kraftvollem Geistleib erscheinen, sind sie verweslich, verächtlich, schwach, »eines natürlichen Leibes«; denn »der geistliche Leib ist nicht der erste, sondern der natürliche; der erste Mensch ist von der Erde und irdisch, der andere Mensch ist der Herr vom Himmel«.

Wie geschieht aber diese Verwandlung, dieser Übergang von einer Existenz zur andern? Wie stellen wir uns den Weg vor, den der irdische Mensch gehen muß, um ein himmlischer Mensch zu werden? — Der Schmetterling wird es uns lehren.

Das Ei des Schmetterlings

> Ich danke dir dafür, daß ich wunderbar gemacht bin.
> Wunderbar sind deine Werke; und das erkennt meine
> Seele wohl. Es war dir mein Gebein nicht verhohlen,
> da ich im Verborgenen gemacht ward, da ich gebildet
> ward in der Erde. Deine Augen sahen mich, da ich
> noch unbereitet war.   Psalm 139, 14—16 a

Der Schmetterling wächst nicht so, wie die höher entwickelten Tiere, daß er nach und nach größer wird, sondern indem er, verschiedene Phasen durchlaufend, immer vollkommener wird. Zuerst ist er da als Ei, dann wird er zur Raupe und macht als solche verschiedene Stufen durch, bevor sie sich einpuppt. Erst nachdem er die verschiedenen Vorstufen seines Lebens durchlaufen hat, verwandelt er sich in ein wunderbares Geschöpf, als das der Schmetterling unsrem Auge erscheint. Sein Leben ist äußerst kurz: einige Tage, oft nur einige Stunden, höchstens einige Wochen lebt er. Es ist selten, daß ein Schmetterling länger als drei bis vier Wochen lebt, während die volle Entwicklung — Ei, Raupe, Puppe — Wochen, Monate, ja selbst Jahre dauern kann.

Darin liegt eine große Ermutigung und trostreiche Geduldslehre für uns, die wir uns so leicht beunruhigen lassen und die Geduld verlieren, wenn unser Weg zur Herrlichkeit gar so lang und beschwerlich ist. Der Anfang des Schmetterlings ist äußerst unscheinbar: ein winziges Ei, kleiner als das Köpfchen einer Stecknadel, und doch: welch ein Wunder ist das, ein Schmetterlingsei!

In seinem Buch »Die Vögel und ihre Nester« redet S. Robert von der unendlichen Verschiedenheit der Vogeleier. Das Ei des Straußes mißt 15 cm in der Höhe, und das eines Kolibri hat die Größe einer Erbse. Das Ei des Kasuar ist grünschwarz, das des Spechts glänzend weiß. Alle Abstufungen der Farben, der Formen und der Größen sind vertreten. Jede Vogelart hat ihre besonderen Eiformen und Eifarben. Auch die Lage der Eier im Nest ist sehr verschieden: die einen liegen so, daß ihre Spitzen zusammengekehrt sind, andere sind auf die Spitze gestellt, und wieder andere sind ins Nest festgeklebt, damit sie nicht vom Wind hinausgeweht und zerbrochen werden können.

Gerade so ist es auch mit den Schmetterlingseiern. Denkt nicht, daß sich alle einander gleichen! Im Gegenteil, sie haben die verschiedensten Formen, Farben und Größen. Es gibt runde, halbrunde, längliche, und das stumpfe Ende ist oft fein graviert. Oft sind sie so kunstvoll, daß sie feinen Perlenschnüren ähnlich erscheinen. Zur Zeit, wann diese kleinen Kunstwerke gelegt werden, sind sie überzogen mit einer klebrigen Masse, die im Wasser nicht lösbar ist und die dazu dient, die Eier auf Stielen, Stämmen, Zweigen oder Blättern

von Pflanzen in einer oft bemerkenswerten Symmetrie fest-
zukleben. Gewisse Schmetterlinge besitzen am Hinterteil
ihres Körpers ein Büschel seidenweicher Haare, die sich bei
der geringsten Berührung ablösen. Mit diesen bedecken sie
ihre Eier, um sie vor Kälte und Feuchtigkeit oder vor den
Augen ihrer Feinde zu schützen. Man hat angenommen, daß
ein sehr strenger Winter diese so kleinen Gebilde vernichte;
wir stellen aber im Gegenteil fest, daß ihre Lebenskraft so
groß ist, eine Temperatur von 50—60 Grad unter oder
über Null ertragen zu können, ohne daß der Lebenskeim
darunter leidet.

Sollte die Tatsache eines solchen Schutzes uns nicht befreien von den mancherlei Befürchtungen, die uns Christen
ängstigen? Wie ist es möglich, daß Gott in so feiner Weise
Sorge trägt für die unscheinbaren Anfänge eines so vergäng-
lichen Wesens von nur wenigen Tagen, und er, unser himmlischer Vater, der uns vor Grundlegung der Welt erwählt
und in seiner Liebe bestimmt hat, seine Kinder zu sein, er
sollte seine schützende Hand nicht auch über uns halten? O,
wir Kleingläubigen! Wie nötig ist es doch für uns, immer
wieder das Wort unseres Meisters zu beherzigen und zu be-
folgen: »Betrachte und — glaube!«

Die Ablage des Eies

Auf dich bin ich geworfen von Mutterleib an; du bist mein Gott von meiner Mutter Schoß an.

Psalm 22, 11

Ein äußerst interessanter Vorgang beim Schmetterling ist die Eiablage. Bei genauem Beobachten geht es einem auf, mit welcher Sorgfalt und Umsicht das Weibchen den Platz für seine Eier auswählt. Es überläßt dabei nichts dem Zufall.

In dem früher schon angeführten Buch von S. Robert wird dargetan, daß die Vögel ihre Nester immer an solche Orte hinbauen, wo die ihnen zusagende Nahrung reichlich zu finden ist. Der Vogel geht dabei von der richtigen Beobachtung aus, daß, je näher er beim »Küchenschrank« wohnt, umso leichter der Weg dazu zu machen ist und umso weniger Gefahren darauf zu befürchten sind. Auch wird damit viel Zeit gewonnen.

So halten es auch die Schmetterlinge. Sie legen ihre Eier dahin, wo sich die günstigsten Bedingungen für die künftigen Raupen finden. Niemals handeln sie in Eile. Stundenlang weilte ich an den Kleeäckern, wo der elegante Bläuling, »Schöner Argus« genannt, gewöhnlich seine Eier ablegt. Da beobachtete ich, mit wieviel Geduld und mit wie großer Umsicht der Schmetterling die richtige Pflanze wählte, deren Entwicklung so weit gediehen war, daß sie gerade zur Blüte kam, wenn die junge Raupe ausschlüpfte. So fand das kleine Tier gleich die beste und zarteste Nahrung vor. Nach meinen Beobachtungen geht der schöne Argus folgendermaßen vor: In besonderem Suchflug — denn der Schmetterling hat verschiedene Flugarten — gaukelt er von einem Kleebüschel zum andern, forschend, riechend, bis er die Pflanze seiner Wahl gefunden hat. Er untersucht sie hierauf genau, bis er sich über den geeignetsten Stengel schlüssig geworden ist. Man sieht, wie er seine Fühler nach allen Seiten bewegt und damit alle Teile abtastet, bis er die rechte Knospe entdeckt hat. Das genügt ihm aber noch nicht; er muß auch genau wissen, an welchem Plätzchen er seinen Schatz bergen kann. Er krümmt darum seinen Hinterleib, und mit dessen feinen Härchen untersucht und betastet er die Knospe, und hat er endlich die passende Stelle gefunden, dann befestigt er seine Eier und fliegt davon.

Während ich diese Zeilen schreibe, steht vor mir eine wilde Geraniumpflanze, in deren Blume ein Schmetterling, genannt *Eumedon*, sein Ei gelegt hat. Er hat dafür nicht irgendeinen Platz gewählt, sondern gerade den Eingang zur Samenkapsel, deren Körner die Nahrung der Raupe bilden. Soeben kriecht das Räupchen aus dem Ei; nur ein kleines Stück Wegs trennt es von seinem Speiseschrank. Schon ist es da; seine Zukunft ist gesichert. Aus diesem Kornhaus wird es als dicke, fette Raupe, bereit zum Einpuppen, hervorgehen.

Einer der besten Kenner der Schmetterlinge, Mitglied der wissenschaftlichen Gesellschaft für Schmetterlingskunde in Genf, Herr Rehfuß, hat seine Aufmerksamkeit besonders der Eiablage der Schmetterlinge gewidmet. Die Beschreibung seiner vielen geduldigen Beobachtungen ist reizend. Er erzählt zum Beispiel, wie er sich eines Tages an einem

Kleeacker aufhielt. Der Sommer war außerordentlich heiß, so daß die Grünflächen ganz gelb aussahen. Der Kleeacker hatte nicht mehr viele Blüten und nur noch sehr wenig Knospen. Rehfuß beobachtete ein Schmetterlingsweibchen, wie es nach seiner Weise eine noch unentwickelte Kleeblüte suchte. Es brauchte eine ganze Viertelstunde, um drei Eier unterzubringen, während er ein Weibchen sonst unter normalen Verhältnissen in weniger als fünf Minuten elf Eier legen sah. Das beweist, mit welcher Sorgfalt und Umsicht der Schmetterling den Platz für seine Eier auswählt.

Eine andere interessante Beobachtung über den Instinkt der Schmetterlinge hat dieser Forscher hinsichtlich der außerordentlichen Anpassungsfähigkeit der Weibchen beim Eierlegen gemacht: sie richten nämlich ihre Bewegungen und ihre Leibesstellung ganz nach der Form des Pflanzenteils, auf den sie ihre Eier legen wollen. Das ist besonders bemerkenswert bei denen, die ihre Eier nur Blüten anvertrauen. Er nimmt als Beispiel den Bläuling »*Callophrys rubi*«. Die Blüten, in die er ihn seine Eier legen sah, sind von sehr verschiedener Form. Die einzelnen Blüten der Esparsette oder des Ginsters stehen ährenförmig übereinander, die der Sonnenröschen stehen aufrecht nebeneinander fast in einer Ebene, während die Blüten des Salbeis in vier Zeilen ihrem Stengel senkrecht aufsitzen. Diesen verschiedenen Formen der Blütenstände paßt sich nun der Schmetterling beim Eierlegen in staunenswerter Weise an. Will er sein Ei in eine Esparsettenblüte legen, dann wendet er sich mit dem Kopf nach unten, krümmt den Hinterleib so, daß er einen spitzen Winkel bildet und sein Ende parallel mit den Blütenröhren steht, und legt seine Eier so mitten in die Blüten. Bei den Sonnenröschen stellt sich der Schmetterling auf die äußere Blütenknospe, krümmt den Leib rechtwinklig und bringt so seine Eier an der Basis einer Knospe an. Anders stellt er sich, wenn es sich um die scharfkantige Blüte des Salbeis handelt. Bei diesen setzt er sich auf den Blütenstengel mit dem Kopf nach oben, und so gelingt es ihm ohne Schwierigkeit, seine Eier am Stengel zwischen zwei Knospen zu befestigen.

Aus diesen Beobachtungen sind zwei bestimmte Schlüsse zu ziehen. Der Schluß von Herrn Rehfuß lautet: Die Schmetterlinge haben die Fähigkeit, sich beim Legen ihrer Eier der verschiedensten Umgebung anzupassen; es ist ihnen also möglich, eine Wahl zu treffen. Diese einfache Tatsache scheint mir eine ernsthafte Widerlegung des Cartesianismus und der modernen Lehren der Mechanisten zu sein.

Wir aber schließen: Wenn ein Schmetterling, dieses Bild der Vergänglichkeit, sich so viel Mühe gibt, um das sicherzustellen, was für ihn das Köstlichste ist, sein Ei, daß er es immer an den passendsten Ort legt, wieviel mehr wird unser himmlischer Vater den besten Platz wählen, an dem seine Kinder wachsen und für ihre Bestimmung tüchtig gemacht werden können, dadurch daß er das eine in diese Schule, das andere in jene Verhältnisse setzt, ohne je etwas dem Zufall zu überlassen?

Mit dem König David spreche ich: »Meine Zeit steht in deinen Händen« (Psalm 31, 16). Ich glaube an die Vorersehung der Söhne Gottes aus Gnaden.

Das Ausschlüpfen

Wenn uns der erste Akt der Geschichte des Eis, seine Ablage an den für das werdende Räupchen günstigsten Ort, eine Lehre der göttlichen Vorsehung gibt, so erteilt uns deren letzter Akt, das Ausschlüpfen des Räupchens, eine Lektion der göttlichen Liebe. Wer diesem Vorgang schon angewohnt hat, der konnte beobachten, daß die Eihülle nicht etwa wie manche reife Frucht von selbst aufspringt; die neugeborene Raupe macht sich vielmehr von innen die Türe dadurch selber auf, daß sie mit ihren Mundwerkzeugen am stumpferen Ende des Eis einen kreisförmigen Ausschnitt, gleichsam einen Deckel, herstellt, den sie einfach abhebt, damit sie herauskriechen kann.

Bei öfterem Zusehen wird einem guten Beobachter weiter auffallen, daß gewisse Raupenarten, bevor sie sich der nährenden Pflanze zuwenden, noch eine Weile bei ihrem Ei verweilen und die Hülle, aus der sie geschlüpft sind, auffressen, bis nur noch ein kleines Ringlein anzeigt, wo das Ei angeklebt war. Der berühmte Insektenforscher J. H. Fabre fragte sich, von welchem Nutzen dieses eigentümliche Mahl für die Raupe sein möchte. Er gibt dafür folgende Erklärung: Viele Blätter — zum Beispiel die Kohlarten — haben eine so glänzend-glatte und dazu nach allen Richtungen geneigte

Oberfläche, daß sie für die Fortbewegungswerkzeuge der Raupe keinerlei Angriffsmöglichkeiten bieten. Die jungen Tierchen müssen deshalb für ihren Halt selber sorgen. Sie tun dies mittels eines Gewebes feiner Seile, mit dem sie sich ihren Weg bauen. Diese Seile sind Seidenfäden, die sie spinnen, um sich mit ihren Füßchen daran halten zu können. Den Stoff zu diesen Fäden liefert den Raupen eben die Eischale, die sie auffressen; aus ihnen stellen sie die Seidenfäden her, die ihre ersten Schritte ins Leben sichern sollen.

Welch prächtige Harmonie zwischen dem Schöpfer und seiner Schöpfung! Wenn wir noch nicht wissen, von welch zarter Fürsorge unser Eintritt in diese Welt umgeben war, so laßt uns an die feinen Fäden denken, den sicheren Halt, die unbeachteten Hilfeleistungen und die wunderbaren Errettungen, aus denen unser Lebensfaden gesponnen ist!

Und zweifelt ihr noch daran, daß der, der über dem Anfang unseres Lebens gewacht und uns von unserer Geburt an getragen hat, derselbe nicht auch bis an das Ende unserer Tage sein werde? Seine bestimmte Erklärung lautet: »Ihr, die ihr von mir getragen werdet von Mutterleibe an und von der Mutter her auf mir liegt, ich will euch tragen bis ins Alter und bis ihr grau werdet. Ich will es tun, ich will heben und tragen und erretten« (Jesaja 46, 3, 4).

Gewiß, ich glaube an die Vorersehung aus Gnaden; ich glaube aber auch an jenen ewigen Halt, den ein Prophet in seiner kräftigen Sprache »Seile der Liebe« nennt.

Freßlust

So gehe nun hin und iß dein Brot mit Freuden.

Prediger 9, 7

Allen denen, die bei dem Anblick von Raupen eine gewisse Abneigung empfinden, gebe ich den Rat, die Farbtafeln in einem Schmetterlingsbuch anzusehen. Sie werden staunen ob der Mannigfaltigkeit der Formen, der Zeichnungen und Farben und dann gewiß ihre Meinung über diese mißachteten Wesen ändern.

Von allen Tieren der Schöpfung entwickelt meines Erachtens die Raupe den stärksten Appetit. Sie lebt nur, um zu fressen. Wenn der Schmetterling keinen Mund hat, so besitzt die Raupe dafür einen sehr großen, gleichsam eine Brechmaschine. In 24 Stunden frißt sie das Doppelte ihres Körpergewichts. Ihr Magen arbeitet beständig bei Tag und Nacht. Er gleicht einem Laboratorium mit Dauerschichtbetrieb. Fressen und verdauen, Kräfte sammeln, aus denen ein Schmetterling hervorgehen kann, das ist das einzige Geschäft der Raupe.

Sie nährt sich von allerlei: von Blättern und Blüten, von Samen und Früchten. Sie lebt überall: auf den höchsten Bäumen, im Rasen, in der Erde, im Innern des Holzes, im Schilf, im Mark der Pflanzen und — man denke an die Motten! — selbst in unseren Kleidern. Wehe ihr, wenn sie nicht fräße! Der Schmetterling müßte die Folgen tragen. Damit der Falter seine ganze Größe, seine Frische und seinen Glanz bekommt, muß die Raupe fressen Tag und Nacht das volle Maß. Darum besitzt sie acht Paare Füße, um rasch, ohne Zeitverlust, von einem Futterplatz zum andern gelangen zu können. Eine Art von besonders schlanken Raupen hat statt fünf nur zwei Paare, dafür aber umso kräftigere Afterfüße, wodurch es ihr möglich ist, Riesenschritte von beinah Körperlänge zu machen, was ihr den Namen Spannerraupe eingetragen hat.

Ich weiß nicht, welche Schritte wir nehmen, um zum »Brot der Starken«, zum Engelbrot, wie der Psalmist es nennt (Psalm 78, 25), zu gelangen. Von dem Streben nach dieser himmlischen Nahrung hängt unsere ganze Zukunft ab. Sind wir zufrieden, wenn wir Feinschmeckern gleich nur hie und da die Süßigkeiten des Evangeliums kosten dürfen, dann kommen wir in der Aneignung des Heils gewiß nicht weit. Die Herrlichkeit unseres Auferstehungsleibs hängt ab von der Treue, mit der wir uns hienieden vom Brot des Lebens genährt haben. Wir werden drüben sein, was wir hier begonnen haben zu sein. Nur die werden in der Ewigkeit leuchten in vollem Glanz des unvergänglichen Lebens, die auf dieser Erde das volle Maß des Heils genossen haben. »Bäume des Herrn stehen voll Safts«, sagt der König David. Wenn man »ein vollkommener Mann nach dem Maße des vollkommenen Alters Christi« werden will, dann muß man auch verstehen, sich jeden Morgen zu bücken, um ein überfließendes »Gomer Manna« zu sammeln, das Maß für die Nahrung der Kinder Gottes (2. Mose 16, 16—26).

Die dieses Brot nicht lieben, kommen nicht weit auf dem Wege zur Herrlichkeit. Darum sage ich dir, lieber Leser: »Geh hin und iß mit Freuden!«

Die Häutungen der Raupe

*Leget von euch ab den alten Menschen mit seinem
vorigen Wandel, der durch trügerische Lüste sich verderbt; erneuert euch aber im Geist eures Gemüts und
ziehet den neuen Menschen an!* Epheser 4, 22—24a

Die Gliedmaßen der Raupe gewinnen nicht in allmählichem
Wachstum ihre volle Größe, wie das bei uns Menschen geschieht, sondern ihre Entwicklung geht in bestimmten aufeinanderfolgenden Schüben oder Stufen vor sich. Gewöhnlich zählt man deren fünf, und zwischen diesen zeigt sich
kein Wachstum. Alle acht bis zehn Tage häutet sich die
Raupe. In der Zwischenzeit bleibt ihre Größe vollständig
gleich; bei der Häutung aber verändert sich die Raupe ganz
und gar. Sie bekommt eine neue Haut, neue Haare, neue
Füße und auch einen neuen Kopf.

Diese Veränderung findet fünfmal statt und vollzieht sich
in ganz besonderer Weise. Wenn die Häutung beginnt, hat
das alte Kleid die Leuchtkraft seiner Farben verloren, und
hinter dem Kopfe des Tierchens schimmert schon der neue
durch. Die Raupe hört auf zu fressen; unbeweglich liegt sie
da wie krank, und sie ist es auch. Es ist ein Leiden für sie.
Am dritten Tag spaltet sich die Haut, und die ganze, vollkommene Raupe kriecht heraus mit neuer Montur. So bleibt
sie ohne weiteres Wachstum bis zur nächsten Häutung. Selten bleibt ihr Kleid bei diesem Vorgang unverändert: mei-

stens werden die Farben leuchtender; denn auch in ihrem Übergangsstadium trägt die Raupe stets tadellosen Schmuck.

Die Geschichte der Entwicklung der Raupe in den aufeinanderfolgenden Krisen stellt uns in eigentümlicher Weise die Entwicklung der Gottesmenschen vor Augen. Auch deren Fortschritt geht in Stufen und Graden. Sie werden von einer Erfahrung zur anderen geführt, oder — anders ausgedrückt — von einem jeden Erlebnis der Wahrheit schreiten sie fort zu neuen Erlebnissen. Ein Strahl göttlichen Lichtes fällt in unser Leben und verleiht ihm neuen Glanz.

Unmerklich erblassen die alten Erlebnisse. Ist ihr Licht nun ausgelöscht? Keineswegs! In unserem Innern lebt es weiter und will sich als Wahrheit in unserem Leben kundmachen. Später erleuchtet uns eine andere Wahrheit, eine dritte und so weiter, und jede neue Erfahrung offenbart und vermittelt uns den Reichtum der Gnade Gottes. So wächst der Gottesmensch heran von Stufe zu Stufe, von einer Offenbarung der Gnade zu anderen, von einer Tat des Gehorsams zur anderen.

Die Raupe mag aber die zweite, dritte, ja selbst die vierte Häutung durchmachen: das genügt noch nicht, um ein Schmetterling zu werden; sie muß auch die fünfte Häutung erleben. So müssen auch wir alle Kapitel des göttlichen Liebesplans durchleben bis zur Erreichung des Ziels, das der Apostel Paulus »die Erlösung des Leibes« nennt.

Der Schlaf

> *Und viele, die unter der Erde liegen, werden auf-*
> *wachen.*
> *Daniel 12, 2*

Wenn die Raupe ihre letzte Häutung überstanden hat, dann geht sie ihrer Nahrung mit besonderer Gier nach, wie wenn sie eine letzte Gelegenheit zur Kräftesammlung ausnützen wollte. Endlich hört sie auf; ihr Ende ist da. Sie verliert ihre glänzende Farbe, sie wird erdfarbig, kriecht unruhig dahin und sucht ein stilles Plätzchen, wo sie sich verbergen kann. Eine Zeit der Schmerzen und des Zerfalls beginnt für sie. Sie trifft selbst Vorbereitungen zu ihrem Begräbnis. Die eine Raupenart bereitet ein kleines Polster aus Seide, in das sie mit ihren Afterfüßen hineintritt, die andere hängt sich mit den hintersten Füßen irgendwo auf und sichert ihren Halt mit Seidenfäden, die sie sich wie einen Gürtel um den Leib schlingt. Wieder andere kriechen in den Boden und bauen sich dort eine feste Hülle, ausgepolstert mit Seide oder mit ihren Haaren, die ihnen ausfallen. Manche umgeben sich auch mit einem Gespinst von zarten Fäden, oder sie legen sich zwischen zwei Blätter, die sie mit Seidenfäden verbinden, und wieder andere biegen ein Schilfblatt wie ein Dach über sich, um sich in dessen Schutze einzuspinnen.

Dann geht die Verpuppung vor sich. Die Raupe wird kleiner. Ihre Länge verkürzt sich; ihr Leibesumfang dagegen schwillt leicht an. Plötzlich reißt die Haut am Nacken auf, und es erscheint die Puppe. Die Haut fällt über den Rücken ab wie ein Vorhang oder schrumpft ein. Diese Umwandlung geht in der Regel in einigen Sekunden vor sich; und wenn sie sich nicht so schnell vollzieht, ist die Raupe verloren.

Nachdem sie sich so selber bestattet hat und zur Puppe geworden ist, schläft sie wie in einem Sarg. Der Schlaf kann vierzehn Tage, drei Wochen, einen oder gar zwei Winter lang dauern; man weiß sogar von der Puppe eines Wollrückenspinners, daß sie sieben Jahre im Schlaf gelegen ist.

Kann man sich die Lebenskraft eines solch kleinen Wesens vorstellen, das der Feuchtigkeit des Bodens, dem Reif kalter Herbstnächte und gar dem harten Frost des Winters trotzt, bis es an einem schönen Frühlingsmorgen sein Gefängnis öffnet und, mit einem Kleid der Herrlichkeit, diesem Wunder der Schöpfung, geschmückt, seine Flügel öffnet und sich in den blauen Himmel schwingt?

Ich werde immer von einer tiefen Betrübnis erfaßt, wenn ich ans Bett eines Sterbenden gerufen werde und dem allmählichen Erlöschen eines Lebens beiwohnen muß. Da liegt ein Mann: gestern noch stand er fest und kerzengerade vor mir; er sprach vortrefflich; sein leuchtender Blick ruhte auf meinem Antlitz; und jetzt ist er darniedergeworfen. Sein scharfer Verstand ist verdunkelt; er findet die Worte nicht mehr, seine Gedanken auszusprechen. Die Augen verlieren den Glanz; man versteht ihn nicht mehr.

Da muß ich an die Raupe denken, die, am Ziel ihrer Entwicklung angekommen, auch ihren Glanz und ihre Schönheit verliert, zusammenschrumpft, wie tot und unbeweglich wird. Dann sage ich mir: Es ist wahr, was Paulus sagt: »Es wird gesät verweslich und wird auferstehen unverweslich.

Es wird gesät in Unehre und wird auferstehen in Herrlichkeit. Es wird gesät in Schwachheit und wird auferstehen in Kraft. Es wird gesät ein natürlicher Leib und wird auferstehen ein geistlicher Leib. Gibt es einen natürlichen Leib, so gibt es auch einen geistlichen Leib« 1. Korinther 15, 42—44.

Die Feinde des Schmetterlings

> *Siehe, daß meiner Feinde so viel sind und hassen mich aus Frevel.*
>
> Psalm 25, 19

Bevor wir von der »Auferweckung« des Schmetterlings und seiner Herrlichkeit sprechen, sind wir genötigt, eine düstere Seite seines Daseins zu betrachten, die von grausamer Wirklichkeit ist, nämlich seine Feinde. Der Schmetterling, der selber niemanden wehe tun kann, hat eine Menge schrecklicher Feinde. Neben den Kindern und den Schmetterlingssammlern sind es vor allem die verschiedensten Tiere.

»Fliegen sie in der Luft«, sagt F. de Rougemont, »so werden sie von der schnellen Schwalbe aufgeschnappt, oder stürzt sich eine Libelle wie ein Raubvogel auf sie und frißt sie auf. Gaukeln sie zwischen blühenden Sträuchern dahin, so lauert die falsche Spinne zu ihrem Verderben auf sie. Setzen sie sich auf den Boden, so sind andere Insekten bereit, sie anzugreifen und zu töten. Im Frühling wimmelt es im Grase von Wolfsspinnen, Ameisen und Raubkäfern, die gieriger und unersättlicher sind als der Luchs oder der Panther, von grausamen, mit spitzen Dolchen bewehrten Laufkäfern, von abscheulichen Moderkäfern, die unermüdlich auf Beute ausgehen und sich mit wilder Mordgier auf alles stürzen, was ihnen in den Weg kommt. Eines Tages sah ich mit eigenen Augen einen der großen Käfer, die man hier Martinspferd nennt, einen Sprung von zwanzig Zentimetern in die Luft machen, um einen Schmetterling anzufallen, der ohne Arg über ihn hinflog. Selbst die Blumen, auf die sich der Schmetterling arglos niedersetzt, verbergen oft todbringende Feinde. Kennst du die kleine grüne Spinne mit den starken, langen Beinen? Sie lauert unbeweglich zwischen der Blütendolde des Bärenklaus oder des großen Baldrians oder auf einer Skabiose; aber ihre Fänge sind offen wie eine Zange. Ihre Unbeweglichkeit und die Schutzfarbe ihrers Körpers machen, daß man sie völlig übersieht. Das ist eine lebendige Falle. Der Schmetterling läßt sich, ohne etwas Böses zu ahnen, auf die Blüte nieder, senkt gierig seinen Rüssel in die zarten Kelche, rechts, links, bewegt sich hin und her. Jetzt befindet er sich unmittelbar über der im Hinterhalt liegenden Spinne, der Unglückliche! In diesem Augenblick packen die Zangen der Spinne unter den Flügeln zu. Schon ist sein Körper durchstochen. Alle seine Anstrengungen, loszukommen, sind vergeblich; er wird ausgesaugt, und bald liegt er mit ausgebreiteten Flügeln als Leiche auf den Blüten. So lauert von allen Seiten, bei Tag und bei Nacht, der Tod auf die armen Schmetterlinge.«

Noch ist aber ihr schlimmster Feind nicht genannt: das Ichneumon oder die Schlupfwespe, dieses schlanke, feingegliederte, rötlichschimmernde Insekt. Es ist mit einem langen Legestachel bewaffnet und greift nicht den Schmetterling selbst, wohl aber die Raupe an.

Ich will erzählen, wie ich ihre Bekanntschaft gemacht habe. Vor einigen Jahren lebte in Martigny im Wallis noch Herr Wullschlegel, gleich dem berühmten Fabre ein ausgezeichneter Insektenkenner. Er verstand es, die Geheimnisse der Natur zu erforschen, und hat ein Buch über die Welt der Großschmetterlinge geschrieben. Ich besuchte ihn gewöhnlich zu Anfang des Frühlings. Wir stiegen zusammen die Höhe hinan und setzten uns auf die kahlen Felsen von Fully, wo die Sonnenstrahlen eine tropische Wärme erzeugten. Hier bat ich ihn, mir die Geschichte von all den kleinen Tierchen zu erzählen, die an uns vorüberschwebten. Da begann er immer in seiner ruhigen Weise, frei von aller Übertreibung zu erzählen, und doch spielten sich da wahre Dramen vor meinen Augen ab. So saßen wir eines Tages auch am Wege und sahen einer Schlupfwespe zu, wie sie sich auf den harten Boden des Pfades setzte. Sie war äußerst erregt, zitterte am ganzen Leibe, und immer neigte sich ihr Köpfchen gegen den Boden, wie um zu riechen oder zu hören, was in der Tiefe vorgehe. Herr Wullschlegel sagte zu mir: »Geben Sie acht; da muß sich etwa drei Zentimeter unter dem Boden die Raupe eines Nachtfalters befinden! Die Schlupfwespe hat sie gewittert und wird den Platz nicht verlassen, bis sie die Raupe gefangen hat.«

Und wirklich, die Schlupfwespe begann mit zunehmender Erregung den Boden mit ihren Füßen aufzuscharren. Sie horchte wieder, und dann fuhr sie mit erhöhtem Eifer in ihrer Grabarbeit fort, bis sie endlich in einer Tiefe von drei Zentimetern die Raupe bloßgelegt hatte. Wie ein Geier auf seine Beute stößt, so stürzte sie sich auf das arme Opfer, stieß mit ihrem Stachel unter die Haut und spritzte ihm einen Tropfen ein, der die Raupe sofort lähmte. Daraufhin trug die Wespe ihre Beute fort. Auf dem Zweig eines Busches hatte sie eine Art Flasche mit langem Hals gebaut, und dahinein trug sie die Raupe und nach ihr noch viele andere, bis das seltsame Gebilde gefüllt war; dann legte die Schlupfwespe ein Ei in den Flaschenhals, verschloß den Eingang des Schlupfwinkels und flog davon. Herr Wullschlegel erklärte mir hierauf: »Etwa in vierzehn Tagen wird aus dem Ei eine Larve ausschlüpfen, die an einem feinen Seidenfaden den langen Hals hinuntergleitet. Unten befindet sie sich in einem Vorratskeller, in dem die Raupen, mittels der Einspritzung lebend erhalten, dem jungen Tierchen als Festmahl dienen, bis es groß und fett geworden ist und sich einpuppt. Hernach öffnet es als Schlupfwespe die Türe seines Hauses, um seinerseits auf die Jagd zu gehen und neue Opfer zu suchen.«

Vom Teufel sagt Jesus: »Er ist ein Mörder von Anfang an«. Wörtlich übersetzt heißt es: »Ein Menschentöter«. Ja, es gibt einen Menschentöter, der uns auflauert Tag und Nacht. Wir wähnen uns hinter den Mauern unserer ichhaften Sicherungen und unserer philosophischen Systeme in Sicherheit; aber die große Schlupfwespe, der Menschentöter, ist schlauer als wir alle. Sie merkt alle Schlupfwinkel und findet uns. Nur *ein* Ort bietet uns sicheren Schutz, der, von dem Jesus sagt: »Ein Dieb kommt nur, daß er stehle, würge und umbringe. Ich bin gekommen, daß sie das Leben und volles Genüge haben sollen. Und ich gebe ihnen das ewige Leben, und sie werden nimmermehr umkommen, und niemand wird sie aus meiner Hand reißen.«

Engel oder Tier

Ich sehe aber ein ander Gesetz in meinen Gliedern,
das da widerstreitet dem Gesetz in meinem Gemüte
und nimmt mich gefangen in der Sünde Gesetz.

Römer 7, 23

Wollt ihr einen bestimmten Beweis haben für die Bosheit
des Feindes? Auf den Alpenweiden des Oberwallis gibt es
einen sehr schönen Schmetterling von der Gattung der *Plu-
sia*. Seine Flügel sind von prächtigem Purpurrot mit Gold
überpudert, und in der Mitte eines jeden Flügels glänzt ein
silbernes V, daher hat er den Namen *argenteum V*. Ich hörte,
daß man Ende Juni seine Raupe oder seine Puppe möglicher-
weise auf einer Alpenpflanze, genannt *Thalictrum foetidum*,
finden könne. Ich begab mich auf die Suche und hatte das
Glück, nach langem geduldigem Mühen fünf vollkommen
gesunde Puppen gefunden zu haben, eingehüllt in zarte,
gelbe Seidenfäden.

Sorgsam legte ich die Puppen in eine Schachtel und er-
wartete mit Freuden den großen Tag der Umwandlung.
Aber, o weh, ich hatte nicht mit der Tücke der Schlupfwespe
gerechnet, der die Raupe des argenteum V als Leckerbissen
gilt und die deshalb die Gebüsche des Thalictrums so lange
umschwärmt, bis sie mit ihrem langen Legestachel immer
wieder einer Raupe ihr Ei unter die Haut praktizieren kann.
Die Raupe lebt mit dieser Bescherung in ihrem Leibe ruhig

weiter, frißt mit gutem Appetit, wird groß, vollzieht ihre Häutungen und verpuppt sich. Die Unglückliche hat keine Ahnung, daß sie besessen ist, daß sie in ihrem Leib einen schrecklichen Feind trägt, der ihr Wesen vollständig umgestaltet, obgleich er sie weiterleben läßt; denn die Substanz, die nach dem Gedanken des Schöpfers zum Schmetterling werden sollte, geht in Wirklichkeit vollständig in der sich entwickelnden Schlupfwespe auf. Das Ei unter der Haut der Schmetterlingsraupe entfaltet sich seinerseits zur Larve und frißt ihre Trägerin, unter Schonung der lebenswichtigen Organe bis zuletzt, völlig auf, so daß in Raupe und Puppe eine feindliche Schlupfwespe heranwächst.

Ich wartete also mit Ungeduld auf den Tag, an dem die Schmetterlinge aus den Puppen schlüpfen sollten. Endlich war er da. Aber, o Schreck! aus der ersten Puppe kam eine Schlupfwespe hervor und ebenso aus der zweiten, dritten und vierten; nur die fünfte ergab einen Schmetterling, wie ich ihn erhofft hatte. Der Feind hatte sich heimlich in die Haut der Schmetterlingsraupe eingeschlichen, und dort spielte sich ein Drama ab: die Larve der Schlupfwespe verschlang die Larve des Schmetterlings.

Wie von selbst stellte sich mir eine ernste Frage: Unter deiner Haut — wer lebt denn da? Ein Gottesmensch oder ein Tier? — Du beschäftigst dich mit Glaubensdingen, du betest, du betrachtest Gottes Wort, du nährst dich von den göttlichen Verheißungen; aber wer nimmt den Mittelpunkt deines Wesens ein? Du oder Er, der alte oder der neue Mensch? O, wie uns doch die Betrachtung der Natur zur Selbstprüfung leiten und uns mit ihren Gleichnissen demütigen kann!

In unserer Haut geht in Wirklichkeit ein ähnliches Drama vor sich: Auch in uns streiten sich zwei Leben darum, welches von beiden uns besitzen soll. Das eine ist der rechtmäßige Besitzer, der neue Mensch, »der nach Gott geschaffen ist in rechtschaffener Gerechtigkeit und Heiligkeit«, dazu bestimmt, »gleichgestaltet zu werden dem Ebenbilde seines Sohnes«, der zum Ziel seiner Bestimmung hinanzukommen sucht; das andere ist das eingeschlichene, der Usurpator, »der alte Mensch, der durch trügerische Lüste sich verderbt« und seine Herrschaft in uns zu befestigen sucht. Das gibt einen Kampf auf Leben und Tod. Entweder überwindet der neue Mensch den alten, oder wird der alte Mensch Herr über den neuen. Die Überwindung des einen durch den andern geschieht zwar nicht an einem einzigen Tag; aber sie geschieht sicher. Durch ein fortschreitendes stufenweises Wachstum nimmt der eine oder andere zu und bringt es endlich zu seiner Vollendung. Ich darf darum wohl die Frage stellen: Was wird am großen Tag der Vollendung aus unserer Hülle hervorgehen? Ein geistlicher Leib, »das Bild des Himmlischen« tragend, oder ein Tierwesen, das »das Bild des Irdischen« trägt? Ist es der Sohn Adams, der in mir lebt, wächst und groß wird in mir, oder ist es der Sohn Gottes? Die Mühe lohnt sich, diese Frage aufrichtig zu beantworten.

Bis zum Ei

Der ist ein Mörder von Anfang. Johannes 8, 44

Der Feind, von dem wir sprechen, begnügt sich aber nicht damit, sein Ei unter die Haut der Raupen zu bringen, einzelne Arten suchen, ihr Ei sogar in das Ei des Schmetterlings zu legen und verfolgen so ihre wehrlosen Opfer bis zum Ursprung des Lebens. Das wird uns klar durch die dramatische Geschichte der Kohlraupe.

Ich entlehne meine Beschreibung dem Naturforscher J. H. Fabre, der uns in seiner Abhandlung über die Kohlraupe die Taten einer Brackwespe mit dem Namen *Mikrogaster* erzählt. Diese hat die Größe einer kleinen Stechmücke, und ihr Geschäft ist es eben, die Eier der Kohlraupe auszunützen. Wenn wir mit einer Nadel den Bauch einer befallenen Kohlraupe öffnen, dann können wir zwischen den Gefäßen, die mit einer hellgelben Flüssigkeit, dem Blut der Raupe, überschwemmt sind, eine Menge kleiner Würmer finden. Das ist die Brut des Mikrogasters, die als Maden vom Blut ihres Opfers leben. Es ist unbedingt nötig, daß ungefähr vier Wochen lang, bis zur Reife der Schmarotzer, die Raupe sie ernährt. Sie haben weder Zähne noch Kauwerkzeuge. Ihr Mund ist einfach eine Pore zum Einsaugen; denn die Raupe darf innerlich nicht im geringsten verletzt werden, damit die Blutquelle nicht aufhört zu fließen. Fabre macht darauf aufmerksam, daß die Lebenszeit der Raupe und die ihres

Feindes in völlig gleichen Zeitabschnitten laufen. Wenn die Raupe aufhört zu fressen und ihre Vorbereitungen zum Verpuppen trifft, dann sind auch die Parasiten reif zum Auszug. Man sieht, wie die Raupe den Kopf hin und her bewegt, um die Fäden ihres Seidenteppichs anzuheften, bevor sie sich verpuppt. Das ist der Zeitpunkt, in dem die Mikrogastermaden ausziehen. Auf einer Seite der sterbenden Raupe, niemals auf dem Rücken, öffnet sich eine Bresche, und die ganze Horde der kleinen Larven kommt heraus, gesättigt vom Blut ihres Opfers und auch ihrerseits bereit, sich auf der leeren Raupenhülle in Puppen zu verwandeln.

Wie sind aber die Eier des gefährlichen Feindes in den Leib der Kohlraupe gekommen? — Die meisten Forscher nahmen bisher an, daß der Mikrogaster seine Eier direkt in den Leib der Raupe hineinlege; Fabre aber hat nach meiner Meinung sicher nachgewiesen, daß das ein Irrtum ist. Er experimentierte folgendermaßen: in ein Glasgefäß, das einen Liter halten mochte, brachte er ein Kohlblatt, auf dem sich viele Raupen befanden. Nun gab er in dasselbe Gefäß auf einem Papierstreifen mit Honig, der ihnen als Nahrung dienen sollte, eine Anzahl Mikrogaster und schloß das Gefäß. Längere Zeit beobachtete er das Leben und Treiben in diesem Glashaus, um festzustellen, ob die Schmarotzer ihre Eier den Raupen inokulieren würden oder nicht. Was sah er? — Die Raupen fraßen ruhig ihr Kohlblatt, ohne sich um ihre gefährliche Nachbarschaft zu kümmern, und die Mikrogaster ignorierten ihrerseits auch die Gegenwart der Raupen völlig und labten sich an dem Honig auf dem Papierstreifen. Somit stand es für Fabre fest, daß die Mikrogaster niemals die Raupen angreifen, um sie mit ihren Eiern zu beglücken. Nun machte der gelehrte Mann einen anderen Versuch, um

36

zu erfahren, wie denn die Mikrogaster ihre Brut in die Raupen nun eigentlich bringen. In ein anderes Glasgefäß legte er ein Kohlblatt mit frischen, gelben Eiern des Kohlweißlings, auf einem mit Honig bestrichenen Papierstreifen gab er wieder einen Schwarm ihrer Feinde hinein und stellte seine Beobachtungen an. Sofort stürzten sich die weiblichen Mikrogaster auf die Schmetterlingseier, so daß sie ganz schwarz bedeckt waren. Sehr geschäftig untersuchten sie den neuentdeckten Schatz, zitterten mit den Flügeln und rieben die Hinterbeine aneinander, alles Zeichen großer Befriedigung. Sie horchten an den Eiern, betasteten die Zwischenräume, beklopften die Eier mit ihren Fühlern, und dann setzte sich die eine da, die andere dort auf ein Ei, und mit scharfem Stachel inokulierten sie ihre Eier. Das geschah ganz ruhig, obwohl viele miteinander an den Eiern beschäftigt waren. Jedes Ei wurde von jeder Brackwespe besucht, ohne daß der Beobachter genau feststellen konnte, wie oft es inokuliert wurde. Sooft sich aber der Stachel einsenkte, wurde wieder ein Keim eingeführt. Um die Zahl der abgelegten Eilein feststellen zu können, sagt Fabre, öffnet man am besten später die aus den Kohlweißlingseiern hervorgegangenen Raupen und zählt die in ihnen sich befindenden Schmarotzer aus. Er hat von 20 bis 65 Stück festgestellt. Fabre bekennt, daß er nach diesen Beobachtungen seine Lupe mit innerer Bewegung weggelegt habe. »Niemals vorher«, sagte er, »habe ich den Raub des Lebens solcherweise sogar bei Kleinlebewesen gesehen«.

»Wie heißt du«, fragte Jesus den Besessenen von Gadara. »Legion heiße ich; denn wir sind unser viel«, war die Antwort. Ja, bei den Menschen, wie bei den Eiern des Schmetterlings, gibt es wirkliche Besessenheit; sogar in den Ursprung des Lebens sucht der Menschentöter den Todeskeim einzusenken. Das weckt auch Gedanken darüber, was im Anfang unserer armen Erde geschehen ist. Auch sie erscheint uns vom Bösen inokuliert oder, um es kräftiger zu sagen, »verteufelt« vom Ei an. Dies läßt uns aber auch an den denken, der »gekommen ist, die Werke des Teufels zu zerstören«, 1. Johannes 3, 8.

Die Anpassung (Mimikry)

Ähnlich werden seinem verklärten Leib.

Philipper 3, 21

Ist es möglich, sich vor böser Beeinflussung und ihren verderblichen Folgen zu schützen? — Höchst wichtige Frage! Auch hier kann uns die Schmetterlingsraupe eine gute Lehre geben. Sie sagt uns, daß sie zwei Hauptmittel hat, sich vor den Angriffen des bösen Feindes zu schützen: die Anpassung und das Leben im Verborgenen. Anpassung heißt, sich seiner Umgebung so anzugleichen, daß man durch die Ähnlichkeit mit ihr Schutz findet.

So gibt es Schmetterlinge, die die Farbe der Pflanzen, der Mauern, der Felsen, der Baumstämme oder Gräser annehmen, auf die sie sich gewöhnlich niederlassen. Gewisse Nachtfalter halten sich während des Tages an der Rinde von Bäumen fest. Die Farbe ihrer Flügel, offen oder geschlossen, ist braun oder grau gebändert und gefleckt genauso wie die Rinde, auf der sie sitzen.

Auf der Insel Sumatra finden sich die sonderbaren *Kallimas.* Das sind Schmetterlinge von sehr lebhaften Farben; aber in der Ruhestellung mit geschlossenen Flügeln gleichen sie einem dürren Blatt an einem Zweiglein so genau, daß man sie leicht für ein solches ansieht. Selbst die Rostflecken und die graue oder rötliche Färbung fehlen nicht. Die Hinterflügel haben eine solche Form, daß man sie für die untere Hälfte und den Stiel des Blattes hält. Durch einen kleinen Ausschnitt der Vorderflügel kann sich der Kopf mit den Fühlern zwischen den Flügeln verbergen. Die Täuschung könnte nicht vollkommener sein und begünstigt natürlich die Erhaltung des Insekts.

Aber nicht allein die Schmetterlinge können sich so anpassen, die Raupen vermögen dies ebenfalls. Die schon genannten Spanner verstehen es so gut, Farbe, Form und Unbeweglichkeit eines Zweigleins anzunehmen, daß selbst die gierigsten Vögel getäuscht werden und sie nicht entdecken. Mehr als einmal hatte ich die Gelegenheit, folgenden typischen Fall zu beobachten. Bei einem Aufenthalt in Sierre im Monat April betrachtete ich die Knospen einer Eiche. An einem Zweige fiel mir eine kleine Erhöhung auf, braunrot wie eine Knospe. Bei näherer Untersuchung ergab sich, daß es eine kleine Raupe war, weshalb ich den Eichenzweig samt der Raupe mitnahm. Einige Tage später bemerkte ich an dem Zweig eine doppelte Veränderung: die Knospe, die bis dahin braun war, tat sich auf und wurde im oberen Teil grün; zu gleicher Zeit veränderte sich auch die Raupe durch eine Häutung und wurde nun teilweise, soweit die Knospe grün war, auch grün; im hinteren Teile aber blieb sie braun. Ihre Anpassung an ihren Wohnort war so vollkommen, daß auch das geübte Auge keinen Unterschied entdecken konnte.

Damit noch nicht genug! Als dann die Knospe ganz aufgebrochen war, sah man ein zartes Grün mit einem feinen weißen Rand, und diese Änderung fiel zusammen mit der zweiten Häutung der Raupe, die nun ihrerseits ebenfalls ganz zartgrün mit feinen weißen Linien erschien. Am Schluß ihrer Entwicklung verschloß sich die Raupe in einer eleganten Hülle wie in einem Etui, und als der Schmetterling ausschlüpfte, war es der schöne Nachtfalter *Bicolorana* von leuchtend grüner und weißer Farbe.

Siehe da, eine Raupe, die, um den Angriffen der Schlupfwespe und anderer Feinde, die beständig auf sie lauern, zu entgehen, sich vollständig ihrer Umgebung anpaßt, die Eiche nie verläßt und selbst in der Farbe ihren Knospen ganz ähnlich wird! Läuft nicht das ganze vom Evangelium uns angebotene Heil darauf hinaus, daß wir »dem Bilde Christi gleichgestaltet werden und eins mit ihm sein sollen«, oder, »anziehen den Herrn Jesus Christus«? O wunderbare Harmonie zwischen den Dingen von unten und denen von oben!

Lichtfliehende Raupen

Euer Leben ist verborgen mit Christus in Gott.
Kolosser 3, 3

Ein anderes Schutzmittel für die Raupe ist, sich während des Tages, solange der Feind umherfliegt, verborgen zu halten und nur des Nachts auf die Weide zu gehen. Diese Raupen, die man lichtfliehende nennt, verbergen sich, solange die Sonne scheint, am Fuß ihrer Nährpflanzen unter dürren Blättern oder Steinen oder verkriechen sich sogar in den Erdboden. Da ich Gelegenheit hatte, die Gewohnheiten einer der interessantesten Arten, der *Euterpia loudeti*, selbst zu beobachten, will ich einige Einzelheiten mitteilen und die zweifache Lehre davon ableiten, die uns dieser prächtige Nachtfalter gibt.

Längs dem Rhonetal, von Martigny bis Brig, unmittelbar am Fuß der Berneralpen, über der Region der Weinberge, zieht sich ein Abhang von herabgerollten Steinen hin. Im Sommer ist das der reinste Ofen. Dieses Gebiet, mit Überresten von Feuersteinen besät, bietet dem Botaniker reiche Ernte, da hier alle Pflanzen, die Sonne und Wärme lieben, wohl gedeihen. Unter diesen südländischen Pflanzen herrscht eine vor, die *Silene otites*, die die Nährpflanze der Raupe eines der schönsten Schmetterlinge des Wallis, eben der Euterpia loudeti, ist. Stellen wir uns ein Stück Satin vor mit rosa Farbe gepudert, und wir haben eine Idee von der Frische und Reinheit seiner Flügel. Der Loudeti lebt sonst in Bulgarien, im Kaukasus und in Kleinasien; aber dank dem sonnenreichen Boden im Wallis hat sich dieser schöne Nachtfalter auch in unsrem Land eingebürgert. Wie alles Schöne und Reine hat auch der Loudeti seinen schrecklichen Feind in der Gestalt der unvermeidlichen Schlupfwespe, die immer auf der Lauer ist, ihr Ei in seine Raupe zu legen. Um nun seine Nachkommenschaft vor dem Feind sicherzustellen, legt der schöne Schmetterling sein Ei in die jungen, noch grünen Samenkapseln der Silene otites. Später runden sich diese Kapseln, werden rot und braungolden, und kein Löchlein zeigt an, daß drin sich ein Leben entwickelt. In diesem sicheren Zufluchtsort, wie in einer Festung geborgen, findet die Raupe, sobald sie aus dem Ei gekrochen ist, reiche Nahrung an den Samenanlagen der Pflanze; es kommt aber einmal der Augenblick, wo die Raupe größer geworden ist, den Speisevorrat verbraucht hat und sich deshalb anderswo neue Nahrung suchen muß. Diesen kritischen Moment erspäht der immer wachsame Feind, und wehe der armen Raupe, die am hellen Tag sich den Luchsaugen ihres Feindes aussetzt. Plötzlich wird sie überfallen und durch den Legestachel der Schlupfwespe gezwungen, in ihrem Leib den fatalen Keim zu tragen, der die ihr bestimmte Substanz aufzehrt und ihr Leben vollständig zerstört. Deshalb hat die hellgelbe Raupe, nachdem sie die schützende Samenkapsel verlassen hat, die Gewohnheit, nur des Nachts zu wandern und zu weiden; am Tag dagegen verbirgt sie sich unter Steinen und Pflanzenüberresten oder in Felsspalten. — Eine Besonderheit konnte ich beobachten, die mir zu denken gab, als ich sie das erstemal feststellte, nämlich diese: wenn eine lichtfliehende Raupe und besonders die Loudeti vom Feind unglücklicherweise gefunden, zu seinem Zwecke mißbraucht worden und nun von ihm besessen ist, dann gibt sie sich keine Mühe mehr, sich zu verbergen.

»Es nützt ja nichts mehr«, scheint sie zu sagen, »es lohnt sich nicht mehr; es ist schon zu spät. Ich bin angesteckt; der Feind hat mich gestochen. Ich bin besessen. Ich lebe nicht mehr, sondern der Böse lebt in mir; warum sollte ich weiterkämpfen?« Und die Unglückliche, die ihrer ursprünglichen Bestimmung entfremdet wurde, weil die Substanz, die zum herrlichen Schmetterling werden sollte, jetzt nur eine gefährliche, wüste Wespe wird, irrt verstört umher gleich einem, der seine letzte Hoffnung verloren hat.

Erfassen wir die ernste Mahnung und die erhabene Tröstung, die uns das Beispiel des Loudeti gibt! Zuerst eine ernste Mahnung: Nicht nur der Schmetterling hat die Angriffe des Zerstörers zu fürchten. Der Lebensraub wird auf allen Gebieten der Schöpfung, auch uns Menschen gegenüber mit großer Schlauheit und Grausamkeit ausgeübt. Überall gibt es verschiedenartige Gewalten, Mächte der Finsternis und böse Geister, die uns auflauern und immer bereit sind, sich auf uns zu stürzen und uns zu verderben. Wehe dem, der es nicht versteht, die ganze Waffenrüstung Gottes anzuziehen, daß er am bösen Tag Widerstand leisten und alle Angriffe des Feindes überwinden kann! Wir leben nur in dem Maß der Sicherheit, als »unser Leben verborgen ist mit Christus in Gott«. Alle, die im Selbstvertrauen leben, sich wichtig machen und ihre Zeit verlieren mit dem Erzählen von ihren Taten, sind in der größten Gefahr. Das Evangelium lehrt uns, nicht vorne anstehen, nicht die ersten sein zu wollen, sondern uns selbst zu erniedrigen und zu demütigen.

Jammert aber einer: »Ich bin verloren; der böse Feind hat sein Ei in mich gelegt, ja es ist schon ausgebrütet, und der grausige Inwohner, der sich eingeschlichen hat, und den ich doch nicht wollte, entwickelt sich, nimmt immer zu an Macht und vernichtet mein eigenes Ich je mehr und mehr. Ich sehe schon den Tag kommen, wo ich entleert von meiner eigentlichen Persönlichkeit von Zersetzung zu Zersetzung schreite und als unreines Wesen in die Grube sinke. O, ich elender Mensch, wer wird mich erlösen? Es nützt nichts mehr zu kämpfen; es ist zu spät!« Arme Seele, höre den herrlichen Trost des Evangeliums! Wenn die Raupe, die den Schmarotzer in sich trägt, schon keinen Retter mehr finden kann, der sie von einem solchen Zustand befreien wird, so haben doch wir einen; Gott sei ewig gelobt dafür! »Gott hat den

Jesus von Nazareth gesalbt mit dem heiligen Geist und Kraft, zu heilen alle, die vom Teufel überwältigt sind.« »Er ist erschienen, daß er die Werke des Teufels zerstöre«. Ihr armen Gebundenen, glaubt doch an das Wunder der Befreiung durch Jesus Christus und haltet es fest, daß die feinen, mit Rosa gepuderten, glänzenden Satinflügel des Euterpia loudeti nur ein ganz schwaches Bild des Herrlichkeitswerks sind, das Jesus Christus in uns vollbringen will!

Die Verwandlung

Welcher unsern nichtigen Leib verklären wird, daß er gleich werde seinem verklärten Leibe nach der Wirkung seiner Kraft, mit der er kann auch alle Dinge sich untertänig machen. Philipper 3, 21

Der bewegteste Augenblick, den es in der Entwicklung des Schmetterlings gibt, ist seine Verwandlung oder sein Erscheinen als vollendetes Wesen. Hier zeigt sich F. de Rougemont als einer der feinsten und geschicktesten Beobachter der Natur. Es lohnt sich, eine ganze Seite seiner Notizen wiederzugeben. Er sagt: »Die Puppe zeigt die zukünftige Form des Schmetterlings in ihren Umrissen schon vorgebildet. Obgleich sie zunächst nur mit einer gestaltlosen Flüssigkeit gefüllt ist, zeigt sie doch schon alle konstituierenden Elemente, gleichsam wie Futterale, in denen sich später die verschiedenen Glieder bilden. Mit feinen Gläsern kann man wohl die Zonen erkennen, aus denen die Flügel, die Füße, die Augen, die Fühler usw. entstehen sollen. Das werdende Auge z. B. sieht man als kremartige, grünliche Stelle, völlig gestaltlos. Später, viel später erst, gestaltet es sich, verdichtet und festigt es sich. Alles ist schon aufs beste vorbereitet. Die Raupe besitzt nur Punktaugen; bei der Puppe aber finden sich zwei Ringe an den Stellen, unter denen sich die großen wunderbaren Facettenaugen des Schmetterlings bilden. Durch die feine, durchsichtige Haut der Puppe kann man die täglichen Fortschritte ihrer Entwicklung beobachten. Der Raupe fehlt der Rüssel; die Puppe aber besitzt eine Scheide für ihn, manchmal sogar äußerlich sichtbar. Ebenso sieht man an der Puppenhülle schon die Umrisse der Fühler, der Füße und der Flügel des kommenden Schmetterlings. So sehen wir auch die weißgelbe Kreme, aus der die zarten Flaumfederchen und die farbigen Schuppen des Schmetterlings entstehen. Nach und nach wird alles bestimmter, so daß bald klarere Umrisse durchscheinen. Endlich erkennt man geformte Züge, man bemerkt ihre Zeichnung; da sind Linien, hellere oder dunklere Flecken, die schon erlauben zu unterscheiden, was am künftigen Schmetterling rot oder grün oder weiß werden soll.

Eines Tages ist der Schmetterling zum Ausschlüpfen bereit. Rühre ihn nicht an! Er liebt das Geheimnisvolle und will nicht beobachtet sein. Manchmal scheint es, als ob schon das öftere Anschauen, das Bewegen der Schachtel oder der Atem des Beobachters genüge, um ihn zu verderben. Der große Augenblick rückt näher. Die Puppenhaut wird immer durchscheinender, und endlich breitet sich von innen her eine Flüssigkeit aus, die die Hülse näßt und so zart und weich macht wie Seidenpapier. Jetzt ist der große Augenblick da. Die Puppe streckt sich, ihr Hinterteil wird länger und steif. Eine kleine Bewegung des Vorderteils zieht den Blick auf sich; wir beachten einen kleinen Sprung in der Hülle: die dreieckige Platte, die Brust, Kopf und Füße deckt, ist über den Nacken des Schmetterlings in der Mitte gespalten, so daß man ihn durch die Spalte schon sehen kann. Jetzt gibt es einen Halt von zwei bis drei Sekunden. Eine neue Anstrengung des Eingeschlossenen hat zur Folge, daß alle Nähte platzen. Aufs neue folgt eine kleine Pause. Dann stößt der Schmetterling mit dem Kopf nach hinten und mit den Füßen nach vorn und entledigt sich so der dreieckigen Platte, die ihm hinderlich ist. Er macht die Fühler frei, löst die Füße und setzt sie auf irgendeinem Gegenstand auf oder schlägt mit ihnen in die Luft. Der Sieg ist gewonnen! Nur noch ein klein wenig der Ruhe! Nach so viel Anstrengung muß der Neugeborene ein wenig Luft schöpfen. Jetzt fühlt er sich ausgeruht. Noch eine letzte Anstrengung, und die Flügel werden frei. Nun dreht er sich, zeigt seine Oberseite, und mit einem kräftigen Ruck schlüpft er aus seinem so engen Gehäuse.

Er ist geboren; aber er ist scheinbar eine unschöne Mißgeburt mit Flügelstümpfen, ein Junge in zu kurzem Jäckchen. Die Flügel müssen sich erst noch formen und ausdehnen. Nach einem kurzen Marsch in höchster Erregung hat der Schmetterling endlich gefunden, was er haben muß: eine Rinde, einen Stein oder ein solides Blatt, an dem er sich senkrecht halten oder, noch lieber, kopfunter anhängen kann. Jetzt ist er ganz ruhig geworden; aber bitte, störe und beunruhige ihn niemand bei dem wichtigen Akt, der jetzt vor sich gehen soll: dem Entfalten seiner Flügel! Wenn man ihn stört, kann er sein Leben lang ein Krüppel bleiben müssen.

Er fühlt dies: man kann ihm die Angst und das Unbehagen geradezu ansehen, wenn ihn etwas hindern will, und auch das Vergnügen ist ihm anzumerken, mit dem er seine unbewegliche Stellung mit den Flügelstümpfchen zu beiden Seiten beibehält. Das Einströmen des Saftes soll nun stattfinden — eine grüne Flüssigkeit, die nicht mit dem Blut zu verwechseln ist: denn das Blut gibt Leben, während dieser Saft nur zur Entfaltung der Flügel dient. Aus dem Körperinnern steigt dieser Saft empor, quillt in die Flügel und entfaltet sie; denn was da geschieht, ist kein Wachsen im gewöhnlichen Sinne des Worts. Nicht *eine* farbige Schuppe wird hinzugefügt, sondern die Flügelhaut wird einfach entrollt, wie ein Stockschirm kräftig ausgespannt wird, nachdem er fest in seiner Scheide zusammengerollt war. In dem Maß, als der Saft in alle Kanäle dringt, breiten sich die Flügel aus, werden sie lang, breit, flach und bekommen sie die richtige Gestalt. Dieser ganze Vorgang schreitet langsam voran; man kann ihm in Ruhe zusehen. Zuletzt ist nur der Rand der Flügel noch eingebogen und schlaff; nach und nach dringt der Saft aber bis in den Rand, so daß auch er vollständig ausgespannt ist. Die Flügel sind jetzt fertig; aber sie sind noch weich wie nasses Papier. Nun schlägt der Schmetterling mit ihnen, faltet sie plötzlich über seinem Rücken und preßt sie fest zusammen, damit sie ganz platt und glatt werden.

Seit dem Ausschlüpfen mögen zehn bis fünfzehn Minuten vergangen sein, und noch weitere zehn Minuten verharrt der Schmetterling vollständig unbeweglich. Wir wollen ihn still beobachten und ruhig weiterwarten. Wenn es ein Tagfalter ist und die warme Sonne scheint, dann dauert es nicht mehr lange. Vollständig unbeweglich, die Flügel über dem Rücken fest aneinander gelegt, scheint der Schmetterling zu schlafen oder zu träumen. Plötzlich bewegt er sich; er breitet seine vier Flügel aus, stellt sie wieder auf und bewegt sie so einigemale auf und nieder. Wenn sie soweit trocken geworden sind, versucht er zu fliegen; er sieht um sich, wie wenn ihm die neue Welt ganz gut bekannt wäre. Er fliegt eine Weile, läßt sich dann auf eine Blume nieder, kostet von ihrem Nektar und beginnt so sein neues Dasein. Welch ein Unterschied mit seinem vorigen Leben als Raupe, die nur auf dem Boden kriechen konnte!« F. de Rougemont fügt bei: »Das ist erstaunlich, wunderbar, bewunderungswürdig! Die Natur und zumal die Welt der Insekten wäre unverständlich, unerklärlich ohne eine Endursache, die mit großen Buchstaben gleichsam in Flammenschrift bis in die kleinsten Einzelheiten unserer Weltordnung hineingeschrieben ist. Man mag sich aus der Sache zu ziehen suchen, wie man immer will, die Endursache bleibt mit solcher Kraft eingegraben, daß niemals irgend eine Kritik sie wegschaffen kann; sie wird immer den Sieg behalten. Man studiert nicht fünfzig Jahre lang die Natur, ohne diesem Geheimnis überall zu begegnen.«

Dem haben wir nichts zuzufügen.

Wer wälzt den Stein von des Grabes Tür?

Er hat alles wohl gemacht! Markus 7, 37

Eine sehr interessante Frage erhebt sich über die Umwandlung des Schmetterlings, nämlich die: Wie ist es möglich, daß ein so zartes Wesen ohne besondere Kraft, dessen Beine keinen stärkeren Widerstand leisten können als den einer Stubenfliege, seine Hülle sprengen und aus seinem Gefängnis herausgehen kann? Die Antworten auf diese Frage sind sehr verschieden; aber alle lassen sich in drei zusammenfassen: Die Lösung der Aufgabe geschieht teils durch die Raupe, teils durch die Puppe und teils durch den Schmetterling selber.

Beachten wir zuerst, was die *Raupe* bei der Sache tut! — Wenn sie ihre Hülle schafft, in der sie sich verpuppt, dann trägt sie schon Vorsorge für das künftige Schlüpfen. Die Raupe des *Lanestris* z. B. webt eine solide Hülle in Form eines Tönnchens aus Fäden und Gummi. An diesem Behälter kann man keinen Ausgang sehen; und doch hat die Raupe vorsichtigerweise, wenn auch unsichtbar für unser Auge, einen solchen geschaffen. Es ist ein Deckel, der durch einen dünnen Ring nur leicht verschlossen gehalten wird. Schon bei leichtem Druck von innen öffnet er sich, und der Schmetterling kann hinaus. Die Raupe des *Carpini* konstruiert richtige Sprungfedern, die zur Zeit des Ausschlüpfens die Hülle aufreißen. Andere schaffen Flügeltüren, die sich zweiteilig öffnen wie der *Prasinana,* oder sie sorgen für einen Ausgang am Boden wie der *Brephos.*

Nun wollen wir zu verstehen suchen, was *die Puppe* für ihre Öffnung ihrer Hülle tun kann. Es gibt solche, die sich durch den Gang fortbewegen, in den sie gelegt sind, gerade wie der Kaminfeger im Kamin steigt. Ihre Raupen, z. B. die der *Sesia* und des *Cossus,* haben den Gang geschaffen und oben offen gelassen. Andere Puppen, wie die der *Versicolora,* sind rauh, hart, kantig und drehen sich in ihrer Hülle hin und her, bis sie gleich einem Bohrer die Fäden zerrissen haben. Bei anderen ist es noch wundersamer. Die Raupe, nachdem sie ihre Röhre ausgehöhlt hat, dreht sich, bevor sie sich verpuppt, über sich selbst zurück, als ob sie wüßte, daß der Schmetterling in dem engen Gang sich nicht drehen kann, und dann schließt sie den Eingang sorgfältig, aber mit so leicht zerbrechlichem Verschluß, daß die geringste Bewegung von innen ihn öffnet. Andere geben ihrer Hülle die Form einer umgekehrten Fischreuse, durch die zwar der Schmetterling leicht ausschlüpfen kann, aber keine Schlupfwespe einzudringen vermag. Oder auch wieder bewegt sich die Puppe durch den engen Gang, in dem der Schmetterling sich nicht bewegen könnte, bis zur Öffnung, streckt ihr Vorderteil zur Höhle hinaus, nicht zuviel und nicht zuwenig, sondern gerade so viel, wie nötig ist, daß der Schmetterling ohne Schwierigkeit ausschlüpfen und sich entfalten kann. Er muß nur die Flügel öffnen und kann davonfliegen. So könnte man noch mehr erzählen, wie durch die sinnreichsten Mittel die verschiedensten Hindernisse überwunden werden.

Die schönsten Lösungen unserer Frage aber werden uns vom *Schmetterling* selbst gegeben. Das Problem steht vor uns in seiner ganzen Einfachheit: Wie kann ein so zartes Geschöpf, eingeschlossen in harter Hülle, aus seinem Gefängnis herauskommen? Durch welche große Kraft hebt es den Stein von seinem Grab? Dieses Wesen, das in seinen Beinen nicht mehr Festigkeit hat als eine Stubenfliege, wie vermag es aus dem Dunkel in die Welt des Lichtes zu gelangen? —

Ein Nachtfalter, der *Bicuspis*, soll uns zeigen, wie wir uns auch hier im Wunderland bewegen. Die Raupen dieser Familie verpuppen sich in sehr harte Hüllen, die man manchmal an Baumstämmen in der Form von rauhen Erhebungen der Rinde entdecken kann. Ohne eine ganz außerordentliche Hilfe wäre es rein unmöglich, daß ein Schmetterling sich aus solchem Gefängnis befreien könnte. Aber siehe, in dem Augenblick, da er ausschlüpfen soll, scheidet er einen Tropfen stark ätzender Flüssigkeit gegen seine harte Hülle aus! Er besitzt nur diesen einen Tropfen, und wehe ihm, wenn er ihn nicht im rechten Augenblick vergösse! Er würde lebendig begraben bleiben und elend umkommen müssen. Weil ich das wußte, verschaffte ich mir sechs Puppen des *Bicuspis*, um den Vorgang von nahem zu beobachten. Ich hatte mir sagen lassen, daß sie wahrscheinlich Ende Juni, nachmittags drei Uhr, ausschlüpfen werden. (Es gibt Schmetterlinge, die ihre Zeit mit der Genauigkeit eines Chronometers einhalten.) Darum legte ich sie zur gegebenen Zeit so, daß ich sie gut beobachten konnte. Eines Tages, gegen drei Uhr, sah ich, wie sich am oberen Teil einer Puppe ein feuchter Fleck bildete. Der Schmetterling hatte seinen ätzenden Tropfen ausgestoßen, der die Hülle so erweichte, daß sie nassem Papier ähnlich wurde. Plötzlich erschien ein brauner Punkt. Warum braun, fragte ich mich, wo doch der Bicuspis-Schmetterling ein schönes graues Kleid hat? Bei näherem Zusehen entdeckte ich, daß der braune Punkt nichts anderes war als das Endstück der Puppenhülle, das der Schmetterling wie ein Käppchen auf dem Kopfe trug und unter dessen Schutz er vorwärts stieß, um sich aus seiner Gefängniszelle zu befreien, ohne sein zartes Kleid zu zerknittern. Als der Schmetterling durch dieses Loch halb ausgeschlüpft war und seine beiden Vorderfüße frei bekommen hatte, war seine erste Bewegung die Kappe abzuheben und die Welt zu grüßen. Dieser Vorgang wiederholte sich nach demselben Ritus bei den fünf andern Puppen, die alle mit dem gleichen Gruß ins Leben traten.

Wie diese zarten Geschöpfe aus der Macht des Todes zum Licht eines neuen Lebens dringen, erinnert es nicht überzeugend an den herrlichen Ostersieg des Gottes- und Menschensohns? — Ja, auch sie verkündigen in ihrer Sprache und auf ihre Weise den Osterlobpreis des Apostels:

> »Tod, wo ist dein Stachel, Hölle, wo ist dein Sieg?
> Gott aber sei Dank, der uns den Sieg gegeben hat
> durch unseren Herrn Jesus Christus!«

Gegensätze

Das Ende eines Dinges ist besser denn sein Anfang.
Prediger 7, 8

Wir wollen versuchen, den Gewinn zu überschauen, den der Schmetterling auf seinem langen Entwicklungsgang erzielt.

Eine ganze Reihe von Beobachtungen treten uns da vor die Augen, die uns vielleicht erlauben, durch Analogie festzustellen, welche Beziehungen zwischen unserem zukünftigen und dem gegenwärtigen Leib bestehen. Sie werden ohne Zweifel auch deutlich machen, daß wir jetzt schon den neuen Menschen in uns tragen, der bestimmt ist, aufzuerstehen in Herrlichkeit. Wir geben natürlich gern zu, daß das Ausschlüpfen des Schmetterlings kein Beweis für unsere Auferstehung ist; es weist aber auf eine überzeugende Übereinstimmung hin.

Erste Beziehung:

In seiner niederen Daseinsform ernährt sich der Schmetterling von grünen Pflanzenteilen. Die Raupe ist nichts anderes als ein Verdauungssystem, dessen Hauptorgan ein Maul zum Zerquetschen der Nahrung ist. Bei ihr ist alles Mundöffnung und Darm. In der zweiten Form verschwindet dieses fressende, kauende Maul; der Schmetterling besitzt nichts von einem solchen. Es ist ersetzt durch einen schlanken Rüssel, elegant aufgerollt wie eine Spirale, den er in den Nektar der Blumen taucht. Der Schmetterling, der sich völlig zu seiner idealen Existenz entwickelt hat, bedarf keiner Nahrung mehr, um zu wachsen: Sein Leib bedarf nur der süßen Blütensäfte als Energiespender zu seiner Erhaltung.

Werden wir im Jenseits einen ähnlichen Nektar genießen zur Erhaltung dessen, was Paulus »einen geistlichen Leib« nennt?

Zweite Beziehung:
In seiner ersten Daseinsform kriecht der Schmetterling. Mit seinen acht Fußpaaren bewegt er sich ähnlich fort wie ein Wurm. Er kriecht nicht nur auf seiner Futterpflanze umher, sondern er überquert auch staubige Wege, versteckt sich in die Erde, mengt sich in allen Schmutz und wohnt sogar darin. Wenn aber der Tag seiner Umwandlung kommt, erhebt er sich mit vier Flügeln, die von einer Frische, einer Reinheit der Linien, einer Harmonie der Farben sind, daß sie mit nichts anderem verglichen werden können, und die ihn befähigen im Licht und in der Luft zu schweben. Ich hebe hier nur die Raupe des *Syrichtus* als Beispiel hervor. Von allen Raupen bewegt sich die des Syrichtus am schwerfälligsten. Sie kriecht so langsam und vorsichtig, daß sie wohl zwanzig Minuten braucht, um einige Zentimeter weit zu kommen. In seiner endgültigen Daseinsform aber bewegt sich der Syrichtus in den Lüften wie der Blitz als der schnellste Schmetterling. Welcher Gegensatz!

Wird die Bewegungsmöglichkeit unseres neuen Menschen in der höheren Welt nicht etwas Ähnliches zeigen? Hier unten ziehen wir mühsam unsre Straße; droben aber werden wir uns frei bewegen mit der Geschwindigkeit des Gedankens.

Dritte Beziehung:

In seinen ersten Lebensstufen ist der Schmetterling so gut wie blind; die Raupe hat nur schwache Punktaugen. F. de Rougemont sagt hierzu: »Die Gelehrten versichern, daß die Raupen Augen haben. Ich leugne diese Tatsache nicht; aber 25 Jahre praktisches Studium haben mich gelehrt, daß, wenn diese Organe wirkliche Augen sind, sie doch keinen praktischen Nutzen für die Raupen haben. Die Raupen lassen sich leiten vom Tastsinn, von den Lichteindrücken, die der ganze Körper empfindet, und besonders vom Luftzug, der sie empfinden läßt, wo sich ein Loch oder ein Spalt, ein Ausgang in die Freiheit befindet. Mit den Augen aber nimmt die Raupe nichts wahr. Das versichere ich mit absoluter Gewißheit, und früher oder später wird mir die Wissenschaft recht geben.« In seiner höheren Form aber hat der Schmetterling wunderbar scharfe, große Facettenaugen.

Was wird sein, wenn unser Auge sich einmal öffnen wird? Der Apostel Paulus sagt: »Wir sehen jetzt durch einen Spiegel in einem dunklen Wort, dann aber von Angesicht zu Angesicht. Jetzt erkenne ich's stückweise, dann aber werde ich erkennen, gleichwie ich erkannt bin.« Unser Herz bebt vor freudiger Erwartung; denn die Fülle des himmlischen Lichts wird unser eigen sein.

Vierte Beziehung:

In seiner niederen Form besitzt der Schmetterling nur Bewegungs- und Verdauungsorgane; in seiner höheren Daseinsform dagegen ist er reich ausgestattet mit neuen, feinen Sinnesorganen in Gestalt seiner Fühler, die den Antennen des Rundfunks ähnlich sind und ihm in gleicher Weise dienen, so daß sie ihm erlauben, einen Artgenossen auf unglaubliche Entfernungen zu orten.

Wir haben keine Ahnung von den Fähigkeiten, die unser neuer Leib haben wird. Sie ermöglichen es uns vielleicht, wahrzunehmen, was an den Enden des Universums geschieht. Nein, wir haben wirklich keine Vorstellung von dem, was uns einst erwarten wird.

Fünfte Beziehung:

Wir zeigen uns gewöhnlich nach außen schöner, als wir innen sind. Beim Schmetterling dagegen ist die untere Seite der Flügel so schön und so vollkommen wie die Oberseite; oftmals ist sie sogar noch schöner. Ich denke an gewisse Arten in den Tropen, vor allem an die *Catagramme*, deren Unterseite wahrhaft bezaubernd schön ist.

Da sage ich mir: Wenn Unausgeglichenheit und Widersprüchlichkeit das Kennzeichen unseres jetzigen Wesens sind, sollten wir da nicht jetzt schon alle Kräfte einsetzen, um zu einem harmonischen Wesen zu gelangen, — in der Erwartung, bekleidet zu werden mit dem Herrlichkeitsleib? — »Das Ende eines Dinges ist besser als sein Anfang«, sagte der alte Prediger, und wir sollten das niemals vergessen.

Saat und Ernte

Denn was der Mensch sät, das wird er ernten.

Galater 6, 7

Beim Schreiben dieser Zeilen hatte ich immer einen doppelten Zweck vor Augen: im Leser das Verlangen zu wecken, seinerseits in dem wundervollen Buch, das der Schöpfer uns in der Natur gegeben hat, auch buchstabieren zu wollen, und andererseits den heißen Wunsch zu fördern, den »inneren Menschen« zu stärken, der eine so hohe Bestimmung hat.

Um die gegenseitigen engen Beziehungen zwischen den beiden Gebieten, zwischen den Gesetzen der Natur und der Geisteswelt, festzustellen, schließe ich meine Darstellungen damit, daß ich jetzt noch von der Unumgänglichkeit und Unentrinnbarkeit, ja ich möchte sagen, von der Härte der Lebensgesetze auf beiden Seiten rede. In Wahrheit ist nichts weniger von Menschenhand zu verändern als das Gesetz der Natur. Bei einem Tyrannen bestünde vielleicht die Möglichkeit, ihn einmal umzustimmen. Mit Bitten, Flehen und Tränen könnte man vielleicht sein hartes Herz erweichen und eine Verminderung der Leiden erreichen, die er verhängen wollte. Alle unsere Anstrengungen, alles Flehen, alle Tränen vermögen aber ein Naturgesetz nicht um ein Jota zu verändern. Stehen wir z. B. in den Alpen einer Felswand gegenüber und singen eine uns liebe Melodie, dann gibt uns das Echo die Melodie zurück, wie wir sie gesungen haben. Singen wir einen falschen Ton in unserem Lied, dann ist keine Macht der Welt imstande, ihn wieder zurückzuholen. Das Echo hallt so wider, wie wir den Ton von uns gegeben haben.

Ein Mäher macht mit seiner Sense einen ungeschickten Schlag in ein Blumenbeet; alles Bedauern und alle Klagen können den Schaden nicht mehr gut machen. Wenn die Stengel einmal abgeschnitten sind, dann müssen die Blumen verwelken. Das ist so sicher, wie zweimal zwei vier und nicht fünf ist.

Daraus erhellt, daß ein Charakterzug des Naturgesetzes die Voraussagbarkeit ist. Der Astronom sagt uns voraus, welche Stellung die Sterne unseres Sonnensystems in zehntausend Jahren einnehmen werden. Der Physiker kann im voraus berechnen, in wieviel Sekunden und mit welcher Geschwindigkeit der Stein auf dem Boden des Abgrunds aufschlagen wird, den er von der Höhe des Felsens fallen läßt. Der Biologe weiß mit Bestimmtheit im voraus zu sagen, ob das Ei in seiner Hand ein Huhn oder ein Krokodil hervorbringen wird, daß aus einer Eichel eine Eiche, aber niemals eine Palme entstehen wird. »Man pflückt nicht Feigen von den Dornen«, erklärte Jesus.

Der Schmetterling ist einer der schlagendsten Beweise dieser Wahrheit. Lassen wir eine Raupe hungern und beschränken ihre Nahrung, so werden wir nur einen kleineren und weniger schönen Schmetterling erhalten. Verletzt man die Haut der Raupe, sei es auch nur mit einem feinen Nadelstich, so wird man die Spur davon auf dem Flügel des Schmetterlings wiederfinden; er wird sich an einer gewissen Stelle eingeschrumpft, vertrocknet oder gar mit einem Loch zeigen.

Man hat versucht, von den sechs Vorderfüßen der Raupe einen wegzuschneiden, und man hat die Spuren dieser Verstümmelung an den Gliedern des Schmetterlings wiedergefunden.

So wird auch der Mensch ernten, was er gesät hat. Es wird sich eine vollkommene Übereinstimmung finden zwischen unserem Leben in dieser Zeit und dem Leben, das uns erwartet im Jenseits. Wir sehen manches Geschehen in unserem Leben als unbedeutend an. Wir trösten uns leicht über gewisse Schwächen mit dem Gedanken, daß das zukünftige Leben Ersatz bieten werde für die Unvollkommenheit und das Elend des gegenwärtigen Daseins; aber es ist schwer zu glauben, daß ein Mensch, der hienieden seinen Leib übel behandelt hat, weil er sich etwa nicht selbst beherrschen konnte, hoffen darf, am Tag der Auferstehung den Leib eines Überwinders tragen zu dürfen. Sagt, was ihr wollt, tut, was euch gefällt, lebt in Verbindungen, die eurem Geschmack entsprechen, und nährt dabei in euren Herzen die rechtgläubigsten religiösen Überzeugungen: ihr werdet mit nichts die strenge und bestimmte Erfüllung des Gesetzes aufheben: »Wer auf das Fleisch sät, der wird vom Fleisch das Verderben ernten!« Dieser Wahrheit widersprechen oder denken, daß es in der Anwendung dieses Gesetzes für uns eine Ausnahme geben werde, das heißt der Apostel Paulus »Gottes spotten«. »Irret euch nicht! Gott läßt sich nicht spotten« (Galater 6, 7).

Ich gehe noch weiter. Die Spezialisten, die das Geheimnis der Färbung der Flügel des Schmetterlings studieren, sind zur Feststellung gewisser Regelmäßigkeiten gelangt. So weiß man heute, daß, je reichlicher und saftiger die Nahrung der Raupe ist, je glänzender die Farbe des Schmetterlings wird. Ein regenreicher Frühling beeinflußt nicht nur die Pflanzen, sondern auch die Raupen, die Puppen und die Schmetterlinge. Je nach der Wärme der Jahreszeit wird z. B. der *Colias edusa* entweder strohgelb oder goldgelb, oft sogar mit violetter Färbung. Nach einer andern allgemeinen Naturerfahrung werden die Farben heller, je mehr man nach dem Süden kommt, wo die Sonne stärker einwirkt. Die dunklen Töne der grauen, braunen oder gar schwarzen Arten des Nordens verschwinden je weiter dem Süden zu nach und nach vollständig. In den Tropen gar finden wir außerordentlich herrliche Schmetterlinge, deren Flügel die lebhaftesten Farben mit dem Glanz der Metalle, dem Schimmer von Perlmutter und dem Feuer der Edelsteine vereinen.

Bei den einen sehen wir Reihen von Augen wie auf den Schwanzfedern des Pfaues, bei den andern Bänder aus Samt oder schillernder Seide. Bei der einzigen Art des *Papilio*, der in Südamerika vorkommt, hat man nicht weniger als 36 verschiedene Farben oder Farbnuancen festgestellt. Das veranlaßte den Dichter Viktor Hugo zu sagen: »Der Schmetterling ist ein Pastell, ja, ein farbenreiches Gemälde.«

So glaube ich, daß es viel von unserer Treue hienieden abhängt, ob das Gemälde, das wir jetzt im Begriff sind, in unsrem Leben zu schaffen, zu den herrlichsten zählen wird oder nicht. Alles hängt ab von der innigen und beständigen Verbindung mit dem, der da sagt: »Ich bin das Licht des Lebens«. Welch ein Antrieb, sich seinem Lichte ganz und beständig auszusetzen!

Glaubensbekenntnis

Ich glaube an den heiligen Geist; ich glaube an die Auferstehung des Leibes; ich glaube an das ewige Leben.   *Apostolisches Glaubensbekenntnis*

Wenn man zum erstenmal eine Raupe aufgezogen, ihre Entwicklung verfolgt, endlich an einem Frühlingsmorgen eine Öffnung in der Puppe bemerkt und nach genauer Untersuchung festgestellt hat, daß die Hülle leer ist, dann denkt man unwillkürlich an den vom Grab Jesu weggewälzten Stein, an seine zusammengelegten Grabtücher, und sagt:

»Ich glaube an die Auferstehung der Toten«.

Beobachtet man die Entwicklung des Schmetterlings vom Ei bis zu seiner Umwandlung genau, dann erkennt man, daß dieses zarte Geschöpf eine gewaltige Lebenskraft besitzt, deren es sich nicht bewußt ist, die es aber von Stufe zu Stufe emporführt bis zu seiner Herrlichkeit.

Wenn man dann noch an jene andere Macht denkt, die uns sucht und an uns arbeitet, um uns von Stufe zu Stufe zu erheben und uns einzuführen in die Herrlichkeit, dann muß man bekennen:

»Ich glaube an den Heiligen Geist«.

In Wallis findet sich zwischen zwei Hochgebirgsketten in der Höhe von ungefähr dreitausend Metern ein Paß, der allen Winden ausgesetzt ist, die oft mit großer Heftigkeit über ihn wegfegen. Nichts wächst mehr da droben, nirgends entdeckt man eine Spur von Leben, und doch kommt da noch einer der seltensten Schmetterlinge der Schweiz, der *Cervini*, vor. An einem Sommermorgen stieg ich diesen Paß hinauf mit dem Wunsche, diese Seltenheit zu finden und mich selbst davon zu überzeugen, wie an einem so unwirtlichen Orte ein so zartes Wesen leben könne. Gar rasch wurde ich belehrt. Das Gestein, das dort den Boden bedeckt, besteht aus verhältnismäßig dünnen Schieferplatten, die von der Sonne schnell erwärmt werden und unter sich eine ziemlich warme Temperatur erzeugen. Unter diesen Steinen lebt und entwickelt sich die Raupe des Cervini als in einem natürlichen Bergungsort. Sie höhlt Gänge aus, die ihr erlauben, bis zum Rand der Platte zu gelangen, wo sie frische kleine Pflänzchen findet, die ihr Dasein ebenfalls der Wärme der Platte verdanken. Die Winde mögen heulen und die Stürme brausen, es mag schneien und frieren, die Raupe lebt, vollzieht ihre fünf Häutungen, verpuppt sich und wird bei ihrer Umwandlung ein kleiner, vornehmer Schmetterling. Ich entdeckte einen, den ich heute noch in meiner Sammlung habe.

Da verstand ich, daß die unter meinen Mitmenschen, die durch große Stürme zu gehen haben, und deren Lebensstellung besonders schwer ist, weil sie oft mit ungeheuren Widerständen zu kämpfen haben, wohl eher als andere besonders helleuchtende, himmlische Wesen werden können. Als ich die steilen Hänge des Berges niederstieg, sprach ich zu mir selbst:

»Ich glaube an das ewige Leben«.

Inhalt

Aus dem Französischen übersetzt
Der französische Originaltitel lautet:
Les Enseignements du Papillon
9. Auflage 1985
Copyright by: Edition Victor Attinger, Neuchâtel
Schutzumschlag: Gert Baxmann
Fotomechanischer Nachdruck
ISBN 3-7722-0049-4
Printed in Germany